Dieti G. Fausel

STOFFDESIGN AUF SEIDE

Frech-Verlag Stuttgart

Mein besonderer Dank gilt
Frau Barbara Stumpp
für die Konfektionierung der Modelle
sowie Frau Birgitt Gutermuth
für die fotografische Leistung.

Dieti G. Fausel
7440 Nürtingen

Fotos: Frech-Verlag GmbH + Co. Druck KG, D-7000 Stuttgart 31;
Birgitt Gutermuth

Auflage: 5. 4. 3. 2. 1. | Letzte Zahlen
Jahr: 1997 96 95 94 93 | maßgebend

frech-verlag GmbH+Co. Druck KG, D-7000 Stuttgart 31

ISBN 3-7724-1646-2 · Best.-Nr. 1646

Druck: Frech-Verlag GmbH+Co. Druck KG, D-7000 Stuttgart 31

Exklusive Seiden-Designs mit Pfiff zum Kleiden und Wohnen, Seidenstoffe vom Meter – ein Traum für Profi- und Hobbyschneider!
Die Ideen für neue Techniken auf der Plastikfolie und die dazu verwendeten Hilfsmittel sind unbegrenzt. Eine gut durchdachte Kombination aus Folientechnik und traditioneller Seidenmalerei kann sehr reizvoll ausfallen.

Mit den neuen Techniken auf der Folie ist es möglich, farbenfrohe Stoffbahnen meterweise anzufertigen.
Je nach Dessin können Sie sie für festliche oder sportliche Garderobe verwenden.
Auf Schnittzeichnungen wurde in diesem Buch ganz bewußt verzichtet, da die Schnitte dem jeweiligen Modetrend angepaßt werden sollten. Es gibt genügend Auswahl an Modezeitschriften auf dem Markt, denen Sie einen gut sitzenden Schnitt entnehmen können.

Sie finden in diesem Buch auch einige exklusive Hutmodelle als Anregung, wie selbstbemalte Seide noch eingesetzt werden kann. Die Herstellung erfordert jedoch sehr große Erfahrung mit dem edlen Stoff – die komplizierten Arbeitsschritte sind in diesem Rahmen nicht zu vermitteln. Aber Sie sehen: Die Möglichkeiten mit Seidenstoffen sind nahezu unbegrenzt.

Ich wünsche viel Erfolg bei der eigenen Stoffherstellung!

Dieti G. Fausel

Vorbemerkung zum Thema Stoffdesign

In meinem Buch „Seide + Farbe – Experimentelles Arbeiten" (TOPP 1557) habe ich auf kleinen Seidenteilen bereits diverse Techniken auf der Plastikfolie ausprobiert. Dabei konnte ich feststellen, daß verschiedene Techniken sich hervorragend zum Kombinieren anbieten, sie ermöglichen sogar Rapporte auf langen Stoffbahnen. Die phantasievollen Dessins auf edler Seide eignen sich für Kleidungsstücke sowie für ausgefallene Raumdekorationen.
In der Zwischenzeit habe ich neue und ungewöhnliche Hilfsmittel zur Stoffmusterfertigung gefunden, zum Beispiel Plastikperlen mit großer Lochbohrung, kleine Plastik-Vorhangringe oder ein Milchkännchen. Die auf einer Plastikfolie gearbeiteten Bahnen müssen auf der Folie trocknen. Zügeln Sie Ihre Ungeduld, und kommen Sie nicht in Versuchung, die Seide halbnaß von der Folie zu nehmen: Erst ganz am Schluß des Trocknungsprozesses vertiefen sich die Zeichnungen der Muster.

Das Ergebnis einer Folien-Technik ist bei verschiedenen Seidenstoff-Qualitäten sehr unterschiedlich: bei Pongé werden die Muster z.B. sehr klar, hingegen bei Crêpe-Seiden sehr verschwommen – es sei denn, die Farbe hat Fläche und freien Raum zum Fließen. Dann wird die Musterung sehr grazil wie bei einem Korallenbäumchen.

Natürlich möchte ich nicht auf die konventionellen Seidenmaltechniken auf dem Spannrahmen verzichten, auch hier kann selbstverständlich die ganze Stofffläche mit Rapport übermalt werden. Die Kombination von Folientechniken und konventioneller Seidenmalerei bringt schließlich ganz außergewöhnliche Ergebnisse.

Die gezielte Anwendung von angefeuchtetem groben Salz auf einfarbigen, nassen Seidenflächen ergänzt Ihre freie Arbeit mit dem herrlichen Material Seide.

> Beachten Sie, daß der Stoff durch die Feuchtigkeit beim Bemalen und nach der Fixierung durch das Waschen ca. 5% einläuft.

Material und Hilfsmittel

Es gibt keine Seidenqualität, die man nicht verwenden könnte. Sollten Sie unsicher sein, ob sich die gewünschte Seide für Ihren Zweck eignet, bearbeiten Sie doch zuerst ein Stück Stoff in der Größe von 90 x 90 cm.

Am besten eignen sich Dampf-Fixierungsfarben, die mit Wasser und Alkohol zu gleichen Teilen (Isopropylalkohol 99% oder Spiritus) verdünnt werden; man erreicht damit eine optimale Fließfähigkeit.

Mein Vorschlag: Legen Sie sich eine stabile, durchsichtige, 5 m lange Tischdeckenfolie (1,10 m breit) zu, darauf können lange und kurze Stoffbahnen gefertigt werden. Außerdem benötigt man einen Wasserzerstäuber, Plastikperlen mit einem Loch von 3,5 mm Ø, kleine Plastikringe 11 x 16 mm Ø, ein Milchkännchen, einen Bleistift, einen dicken, schwarzen Filzstift und für Schablonen Zeichentransparentpapier.

Für die traditionelle Seidenmaltechnik brauchen Sie einen stufenlos verstellbaren Spannrahmen, Dreizackstifte, farblose Gutta, farbige Konturenmittel, Liner, Trichterfedern in verschiedenen Feinheitsgraden, unterschiedlich dicke Pinsel, Synthetikwatte, Wäscheklammern, Stoffmalstifte und Metallic-Stoffmalfarben.

Farbverdünner

Den Verdünner für die französischen Seidenmalfarben können Sie sich selbst mischen, aus einem Teil Alkohol (Isopropylalkohol 99% aus der Apotheke oder Spiritus) und einem Teil Wasser. Sollte das Wasser aus der Leitung zu kalkhaltig sein, kann abgekochtes oder destilliertes Wasser verwendet werden.
Der Vorteil dieser Mischung besteht darin, daß der Alkohol die Oberflächenspannung des Wassers aufreißt und alle drei Komponenten, also Alkohol, Wasser und Farbe, zu einer homogenen Flüssigkeit vermengt, die auf der Seide ausgezeichnet und bei einfarbigen Flächen ohne Wolkenbildung fließt. Die Seidenfaser wird durch den Alkohol aufnahmefähiger, und die Farbbrillanz erhöht sich nach der Dampffixierung. Manche Farbhersteller haben bereits einen fertigen Farbverdünner im Programm.
Wenn im folgenden Text „Verdünner" erwähnt ist, handelt es sich immer um die genannte Wasser-Alkohol-Mischung.

Farbauftrag

Bei der konventionellen Seidenmalerei werden die Farben mit Pinsel oder mit einem in eine Wäscheklammer gesteckten Synthetikwattebausch aufgetragen. Dagegen trage ich bei den neuen Techniken auf der Plastikfolie die Farben oft pur auf die bereits mit Verdünner getränkte Seide mit der Pipette auf.

Dampffixierung

Der Name sagt es schon, die Wasch- und Lichtechtheit der französischen Dampffixierungsfarben wird mit Wasserdampf ohne Zusatz in einem speziellen Gerät oder einem Dampfdrucktopf vorgenommen. Stark zerknitterte Seidenteile müssen vor der Fixierung gut ausgebügelt werden. Die Seide wird zunächst zwischen unbedrucktes Zeitungspapier (Makulaturpapier) oder Papiertischdecken gepackt. Die Dauer der Fixierung richtet sich jeweils nach dem verwendeten Gerät, zwischen 2 1/2 und 4 Stunden. Im Dampfdrucktopf verkürzt sich die Fixierungszeit auf ca. 30-40 Minuten.

Vor- und Nachbehandlung der Seide

Die Seide sollte vor dem Farbauftrag mit einem Vollwaschmittel bei ca. 40-50 °C gewaschen werden, insbesondere bei vorbehandelten Seidenstoffen, z.B. Kleiderseide, Sandwash-Seiden oder Crinkle-Pongé, auch Waschseide genannt. Die Seide nimmt dann die Farbe besser an. Nach der Dampffixie-

rung muß die Restfarbe, die beim Farbauftrag von der Faser nicht aufgenommen wurde, ausgewaschen werden; auch bei Arbeiten mit Salzeffekten müssen Sie gründlich waschen, da das Restsalz die Faser angreift.
Bio-, Feinwasch-, Seidenwaschmittel oder Shampoos nur nach Fertigstellung der Seidenmalarbeiten verwenden, da diese rückfetten, d.h. die Seide wird geschmeidiger, sie nimmt sich ihren ursprünglichen Fettanteil aus dem Waschmittel.

TIP: „Lasierender Farbauftrag“
Lasur ist ein dünner Farbauftrag, den man mit deckenden Pigmentfarben (Stoffmalfarben oder Metallglanzfarben) ausführt. Es darf im Pinsel nur wenig Farbe vorhanden sein, die mit leichtem Druck schwungvoll auf den Stoff aufgetragen wird.

TIP: „Nasses Salz“
Auf die eingefärbte, sehr nasse Seide legt man grobes Salz, das mit Wasser-Alkohol-Gemisch angefeuchtet wird – dies erhöht den Salzeffekt. Das Salz darf jedoch nicht in einem Verdünnerbad liegen. Das Seidenteil sollte mit viel intensiver Farbe getränkt sein, die Raumtemperatur muß sehr niedrig sein. Damit die Seide langsam trocknet, legt man den Spannrahmen auf einen kalten Fußboden, dadurch kommt auch wenig Sauerstoff an die Unterseite des Arbeitsstücks.

Knittertechnik

Für lange Stoffbahnen ist die Knittertechnik auf der Plastikfolie die einfachste und unkomplizierteste Methode. Die trockene Seide auf die Folie legen, mit dem Zerstäuber Farbverdünner aufsprühen und den Stoff ohne System zusammenschieben. Je großzügiger die Knitterung, desto großflächiger ist die Musterung. Wird die Seide stark geknittert und dicht zusammengeschoben, wird die Musterung feiner und graziler.
Auch der Farbauftrag, ob man pure oder stark verdünnte Farbe aufträgt, spielt eine große Rolle. Stark verdünnte Farbe fließt sofort in die Vertiefungen, auf den Erhebungen bleibt also

Ausschnitt Knittertechnik

nicht viel Farbe. Dadurch entstehen netzartige Musterungen. Bei purer Farbe wird das Gesamtbild unruhiger, flächiger und sehr viel intensiver.
Nach dem Farbauftrag mit dem Zerstäuber noch etwas Verdünner aufsprühen, damit die Farben besser ineinander fließen können. Die Trockenzeit beträgt je nach Raumtemperatur 12-18 Stunden. Vor dem Dampffixieren bügeln Sie die Seide auf der Stufe Baumwolle gut aus.

Moirétechnik

Bei dieser Technik legen Sie den Stoff auf die Plastikfolie und raffen ihn so, daß die entstehenden Falten gleichmäßig nebeneinander liegen. Die Raffung kann in verschiedenen Richtungen zur Stoffstruktur erfolgen, zum Beispiel schräg zum Fadenlauf, in Kett- oder Schußrichtung.
Besprühen Sie die Seide dabei abschnittsweise mit Verdünner, die nasse Seide haftet sofort auf der Folie. Die Farbe kann auf verschiedene Weise aufgebracht werden, mit Pipette oder Pinsel, pur oder verdünnt. Anschließend zur besseren Fließfähigkeit noch etwas Verdünner aufsprühen.
Manchmal schlage ich die freie Fläche der Folie auf die nasse Seide und presse mit den Händen durch starken Druck die Seide zusammen, dann schlage ich die Folie auf und lasse die so zusammengepreßte Seide auf der Folie trocknen. Vor der Dampffixierung gut ausbügeln.
Die Moirétechnik eignet sich hervorragend zur Kombination mit der Rosetten- und Knittertechnik.

Ausschnitt Moirétechnik ▶

Falttechnik

Ausschnitt Falttechnik

Die Seide wird in trockenem Zustand in Falten gebügelt. Die Faltenbreite kann nach Wunsch gewählt werden. Die Seide dann auf die Folie legen und vor dem Bemalen mit Verdünner aus dem Zerstäuber befeuchten, damit die Falten nicht aufspringen. Die unverdünnte Farbe kann mit der Pipette ohne ein bestimmtes System aufgetragen werden. Durch das Zusammenfalten entstehen wunderbare, spiegelbildliche Musterungen.
Werden dagegen verschiedene Farben in Streifen diagonal zum Fadenlauf mit einem Synthetik-Wattebausch auf die gefaltete Seide aufgetragen, entsteht ein graphisches Zick-Zack-Muster.
Achten Sie darauf, daß alle Stofflagen gleichmäßig durchgefärbt sind. Sollte dies nicht der Fall sein, muß der Stoff gewendet werden. Das Wenden der Seide ist sehr einfach, wenn man den unbenutzten Teil der Folie auf die Seide legt, als ob man ein Buch zuklappen würde; die Seide wäre dann das „Buchzeichen".

Versuchen Sie zuerst, mit der flachen Hand und unter starkem Druck die Farbe durch das Gewebe zu transportieren. Ist dies nicht erfolgreich, muß auf der Rückseite nochmals mit den gleichen Farben nachgearbeitet werden.

Rosettentechnik

Ausschnitt Rosettentechnik
Variante A

Diese Technik kann auf verschiedene Arten realisiert werden; je nach Hilfsmittel und Anlage fallen die Rosetten kleiner oder größer aus. Bei langen Stoffbahnen wird die Seide immer trokken auf die Plastikfolie aufgelegt. Ich möchte Ihnen drei verschiedene Varianten der Rosettentechnik vorstellen:

a) Die trockene Seide auf die Folie legen und abschnittsweise mit Verdünner aus dem Zerstäuber besprühen. Nun an einigen Stellen die nasse Seide in kleine, 5 cm hohe Türmchen zusammendrehen, dazwischen die Seide strammziehen, damit gradlinige Falten entstehen. Die Farbe kann unverdünnt mit der Pipette um oder auf die Türmchen aufgetragen werden. Das Resultat erinnert an große „Pusteblumen".

Rosettentechnik

Ausschnitt Rosettentechnik Variante B

b) Diese Variante bietet sich hervorragend für lange Stoffbahnen an. Man faßt die trockene Seide an vorher bezeichneten Punkten zusammen und schiebt einen kleinen Plastikring darüber, der Stoff wird ca. 5 cm durch den Ring gezogen. Auf die Seide wird jetzt Verdünner aufgesprüht, der festgehaltene Stoff wird im Ring zu einem Türmchen zusammengedreht. Zwischen den Türmchen die Seide leicht zusammenschieben – je kleiner die Knitterung, desto feiner die Krakeleemuster. Auf die Türmchen pure Farbe mit der Pipette auftragen und dazwischen stark verdünnte Farbe mit dem Milchkännchen aufgießen.

Rosettentechnik

Ausschnitt Rosettentechnik
Variante C

c) Für die dritte Variante benötigt man Plastikperlen mit 3,5 mm Ø Lochbohrung und ein abgebrochenes Wattestäbchen, das an der Bruchstelle fein säuberlich mit der Nagelfeile abgeschliffen wird, damit es das Stoffgewebe nicht beschädigt. Der Abstand zwischen den Markierungen sollte mindestens 5-6 cm betragen, damit die Perlen nebeneinander Platz haben. Führen Sie das Stäbchen mit der rechten Hand unter die trockene Seide bis zur Markierung für die Rosette, und schieben Sie den Stoff durch die Perlenöffnung. Auf diese Weise wird das ganze Seidenteil mit Perlen bestückt.
Jetzt erst wird Verdünner abschnittsweise auf die Seide aufgesprüht. Die Zwischenräume können mit Knittertechnik, Moirétechnik oder mit beiden Techniken kombiniert bearbeitet werden.

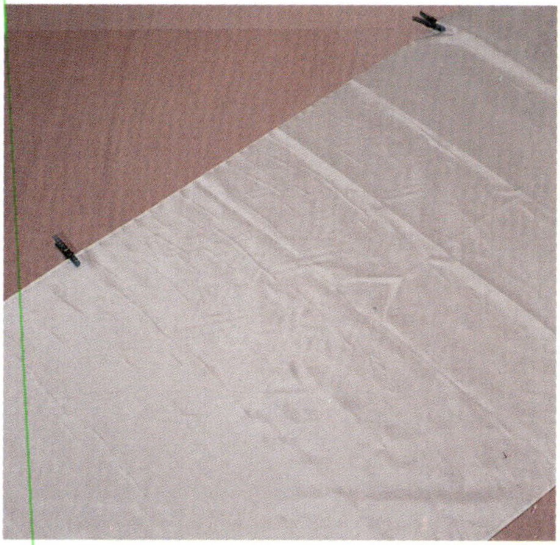

Moirétechnik auf der Folie

Die Ermittlung der Schräge ist recht einfach: Ist der Stoff an der Schnittkante 90 cm breit, werden im Abstand von 90 cm an beiden Webkanten mit wasserfestem Filzstift oder Wäscheklammern Markierungen angebracht. Die Schräge erhält man, indem man die Schnittkante an die Webkante anlegt; dadurch entsteht ein Dreieck. Die längste Entfernung zwischen zwei Punkten ist die Schräge.

Wird die Moiré-Technik schräg zum Fadenverlauf vorgenommen, muß der Stoff auch schräg auf die Plastikfolie gelegt werden. Bei langen Stoffbahnen ist es ratsam, die Raffung von der Mitte aus nach beiden Seiten hin vorzunehmen und das zu bearbeitende Teil immer nur abschnittsweise mit Verdünner zu besprühen.

Die Farbe kann auf verschiedene Weise aufgetragen werden: verdünnt oder pur, mit Milchkännchen, Pipette oder Pinsel. Nach dem Farbauftrag nochmals kräftig mit Verdünner übersprühen. Die Seide auf der Folie trocknen lassen, ausbügeln, fixieren und waschen.

Rechts ist ein Ausschnitt einer 2 m langen Stoffbahn zu sehen.

Modell Baden-Baden

Material:
5 m Plastikfolie, 1,10 m breit
4 m Crêpe Georgette 10, 90 cm breit

Farbe:
Jade, Minze bläulich, Türkis

Bei der Herstellung langer Stoffbahnen muß von der Mitte aus nach beiden Seiten hin die Raffung vorgenommen werden.

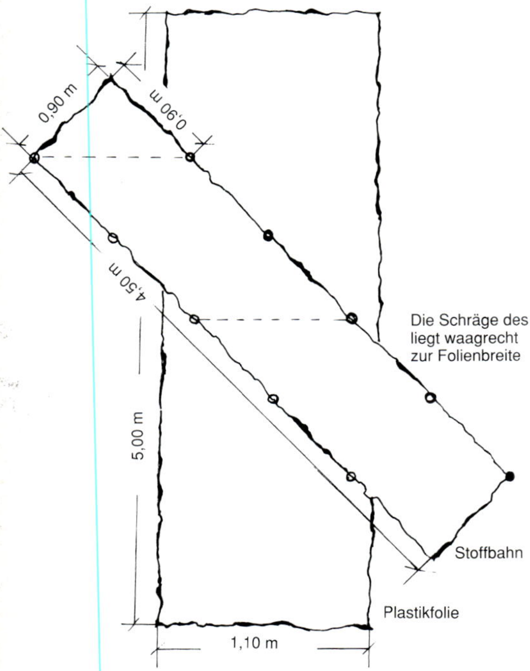

Die Crêpe-Georgette-Seide für das Modell Baden-Baden wird in der Moirétechnik schräg zum Fadenlauf bearbeitet. Die drei Farben Jade, Minze bläulich und Türkis harmonieren ausgezeichnet miteinander. Um ein gleichmäßiges Muster zu erzielen, müssen Sie die Raffung sehr exakt durchführen. Im gerafften Zustand ist das Arbeitsstück noch 3 m lang und 35 cm breit. Damit die Seide nach dem Raffen gerade auf der Plastikfolie zu liegen kommt, sollte die trockene Seide schräg auf die Folie gelegt werden (siehe Zeichnung).
Die Seide abschnittsweise an der Stelle mit Verdünner besprühen, wo gerade der Stoff in Fältchen zusammengeschoben wird.
Die 1 : 1 verdünnten Farben mit den Milchkännchen einzeln aufgießen, an manchen Stellen etwas konzentrierte Farbe mit dem Pinsel auf die höchsten Erhebungen aufstreichen. Dadurch wird die Musterung lebhafter.

Nicht nur zum Pferderennen trägt die perfekt angezogene Dame Hut. In meerblauen Tönen dazu passend das weitschwingende, transparente Georgette-Seidenkleid in ‘A-Linienform’. Durch das etwas längere körperbetonte Unterkleid aus weißer Baumwolle in Leinenstruktur erscheinen die Farben sehr klar und leuchtend.

Ermittlung der Schräglage

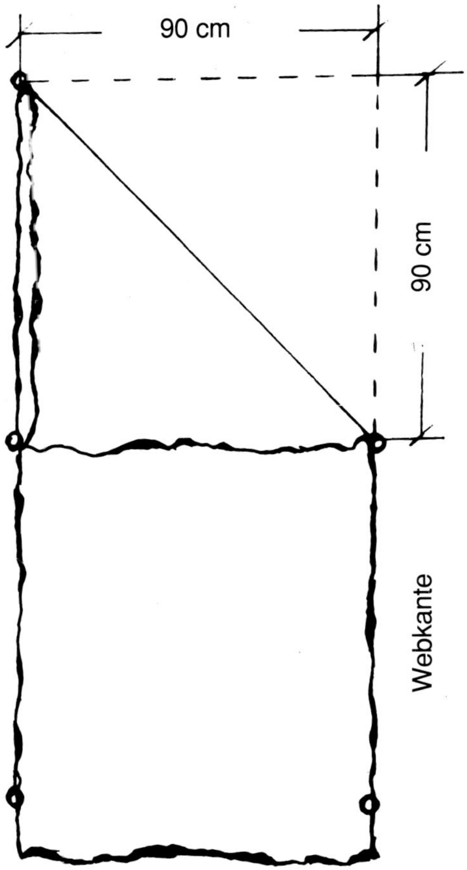

Schnittkante

Farbspiel (Moiréart)

Material:
Plastikfolie 5 x 1,10 m
4,70 m Pongé 08, 90 cm breit

Farbtöne:
je 20 ml Gelb, Banane, Mandarine, Passion, Arktis, Ultramarin

Dieser farbenfrohe Kleiderstoff in Moirétechnik ist auch für Dekorationen geeignet. Es bedarf einiger Übung, immer genau die Schräge einzuhalten. Deshalb empfehle ich, zuerst ein kleines Stück Seide ca. 2,0 m in 90 cm Breite anzufertigen.
Die Drapierung wird schräg zum Fadenlauf vorgenommen, der Stoff muß schräg über die Plastikfolie gelegt werden. Zu zweit läßt sich diese Arbeit besser bewältigen.

Am einfachsten ist es, die Raffung von der Mitte der Stoffbahn nach beiden Seiten hin vorzunehmen.

Der Stoff wird trocken auf die Folie aufgelegt und immer nur ca. 20-30 cm in der Schräge mit dem Zerstäuber angefeuchtet. Je gleichmäßiger die Raffung ist, desto regelmäßiger wird auch das Gesamtbild der Musterung.
Die Farben werden pur mit der Pipette aufgetragen, eine Rapportlänge braucht nicht eingehalten zu werden. Man beginnt mit dem hellsten Farbton; wichtig ist, daß jede Farbe von Anfang bis Ende in regelmäßigen Abständen aufgetragen wird.
Für den besseren Farbfluß sollte abschließend mehrmals Verdünner aufgesprüht werden.

Falttechnik auf der Folie

1) Bei der Falttechnik, die auf der Folie gearbeitet wird, braucht die Schablone nur so breit zu sein wie das zusammengelegte Seidenteil. Bei dieser Arbeit habe ich unterschiedlich breite, diagonal zum Fadenlauf laufende Streifen als Muster ausgewählt.

2) Die trockene Seide zweimal zusammenfalten, so daß der Stoff vierfach liegt. Die Bruchkanten gut einbügeln. Die Schablone unter die Seide legen, mit einem Lineal und einem weichen Bleistift die Linien hauchdünn auf die Seide übertragen.

3) Nun die Schablone entfernen, die Seide mit Verdünner naß sprühen und mit der flachen Hand glatt streichen. Die puren Farben mit einem Synthetik-Wattebausch in der Wäscheklammer auftragen. Es wird für jeden Farbton ein extra Wattebausch verwendet, dessen Größe sich nach der Streifenbreite richtet.

4) Nach dem Einfärben schlägt man den freien Teil der Plastikfolie auf das noch nasse Arbeitsstück und transportiert die Farbe durch starken Druck der Hände durch das Gewebe. Zum Trocknen wird die Folie wieder aufgeschlagen.

5) So sieht das fertig fixierte Tuch aus Pongéseide 08 aus. Die Farben sind sehr exakt aufgetragen worden, aber durch die unterschiedliche Trockenzeit der Stofflagen bilden sich an manchen Stellen Blasen auf der obersten Stoffschicht, und dort sind dunkle Ränder entstanden. Die Muster der übrigen Stoffschichten sind gleichmäßig und klar. Sollte Sie dies stören, können mit deckenden Pigmentfarben wie z. B. Metallic-Stoffmalfarben einzelne kleine Motive aufgemalt werden (siehe Herbstgruß, S. 20).

Herbstgruß (Falttechnik)

Material:
5,00 m Plastikfolie
4,70 m Crêpe de Chine Nr. 10

Farbtöne:
160 ml Fenchel (Gelbgrün)
70 ml Arktis (Türkis)
70 ml Jade (Blaugrün)
70 ml Ultramarin (Blau)

Konturenmittel: Schwarz
Metallicfarben: Perlweiß, Gold, Kupfer

Die 4,70 m Crêpe de Chine werden in Kettrichtung zweimal zusammengefaltet (vierfach), damit man einen Streifen von 4,70 m Länge und 22,5 cm Breite erhält. Die Bruchkante wird gut eingebügelt.

Legen Sie die trockene Seide auf die Folie.
Fertigen Sie eine Schablone, die Streifen verlaufen genau schräg zum Fadenlauf: drei schmale Streifen mit je 3 cm Breite, dazwischen jeweils ein Streifen von 9 cm.
Mit einem ganz weichen Bleistift und einem Lineal hauchdünn die Linien von der Schablone auf die Seide übertragen.
Mit Verdünner und einem Zerstäuber wird die Seide gut befeuchtet und mit der flachen Hand glattgestrichen.
Für jede Farbe brauchen Sie einen extra Synthetik-Wattebausch in einer Wäscheklammer; die Größe richtet sich nach der Streifenbreite.
Die Rapportlänge beträgt 18 cm. Die Farbe pur auf die Seide auftragen: 9 cm breit in Fenchel und die 3 cm breiten Streifen in Jade, Arktis und Ultramarin.
Dann muß geprüft werden, ob die unterste Schicht auch perfekt eingefärbt ist. Sollte das nicht zutreffen, muß der Stoff gewendet werden (S. 8).

Bei Bedarf arbeitet man die Streifen nochmals nach, indem man nur den Wattebausch mit den Farben kräftig hin und her reibt. Selbst wenn die Farbe sehr genau aufgetragen ist, können durch die unterschiedliche Trockenzeit der Stoffschichten an einigen Stellen dunklere Ränder entstehen. Die drei übrigen Stoffschichten sind verhältnismäßig klar im Muster.

Um diese Unregelmäßigkeiten zu überspielen, habe ich mit Metallicfarben Silberdisteln aufgemalt.
Die Farbe wird dabei mit einem Pinsel Nr. 8 lasierend, aber schwungvoll aufgetragen (Rapport 72 cm).

Federn in Blau

Material:
120 x 115 cm Crêpe Satin 12
1 echte Pfauenfeder als Vorlage

Seidenmalfarben:
120 ml Ultramarin
120 ml Französischblau
60 ml Nachtblau

Konturenmittel: Gold, Silber, Schwarz
Metallicfarben: Perlweiß, Gold, Blau, Kupfer, Grün

Bei schweren Seidenqualitäten ist es wichtig, genügend Farbe zu mischen; bewahren Sie lieber den Rest Farbe in einem Schraubglas auf, und verwenden Sie ihn beim nächsten Arbeitsstück. Für 115 x 120 cm Seide mischt man 300 ml pure Farbe und 10 ml Isopropylalkohol 99%. Damit bekommen Sie eine bessere Fließfähigkeit und einen besseren Salzeffekt.
Spannen Sie die Seide auf den Rahmen auf. Die Länge richtet sich nach dem ausgesuchten Modell, für das Sie den Stoff benutzen möchten.
Das grobe Salz wird in einer Schüssel mit einem 1:1 Wasser-Alkohol-Gemisch gut angefeuchtet, es darf aber nicht in der Flüssigkeit schwimmen.
Auf die trockene Seide die Farbe mit einem Synthetik-Wattebausch auftragen. Eingefärbt wird von der Schnittkante aus in Schußrichtung. Der getränkte Wattebausch wird in der Mitte aufgesetzt, die Farbe nach rechts und links zur Webkante hin mit schnellen Bewegungen aufgestrichen. Arbeiten Sie mit viel Farbe, damit die Seide sehr naß ist.
Das nasse Salz auf die noch nasse Seide in geschwungenen Linien auflegen und zu einem durchgehenden Strich zusammenschieben. Jetzt die Seide nochmals wie ein Trommelfell nachspannen.
Wichtig ist auch, daß der Raum, in dem Sie arbeiten, sehr kühl ist. Oder Sie legen den Rahmen mit der nassen Seide auf einen kühlen Fußboden, damit von unten wenig Sauerstoff an die Seide kommt.
Ist der Stoff trocken, wird das Salz entfernt.
Nun können die Pfauenaugen mit den Metallicfarben, die untereinander mischbar sind, lasierend aufgetragen werden; so wird die Seide nicht zu steif.
Die Anlage der Feder wird dem vorgegebenen Salzmuster angepaßt. Der Federkiel liegt auf der Salzlinie. Um die Pfauenfeder sehr leicht und luftig wirken zu lassen, arbeitet man mit goldfarbenem Konturenmittel sowie einer Trichterfeder Nr. 3, die auf einen Liner aufgeschraubt wird. Mit schneller Bewegung vom Kiel her nach außen fahren.

Hier sehen Sie das königsblaue Ensemble für festliche Anlässe aus Crêpe Satin: das körperbetonte, schulterfreie und knöchellange Kleid läßt die handbemalten Pfauenfedern hervorragend zur Geltung kommen. Die etwas hellere unifarbene, klassisch geschnittene Jacke mit doppeltem Kragen wird auf der rechten Schulter durch zwei Pfauenfedern aufgelockert. Das I-Tüpfelchen ist das Hütchen mit Schleier.

Klassische Crêpe-Satin-Jacke für das Ensemle „Federn in Blau“

Material Jacke:
2 m Crêpe Satin 12, 115 cm breit
Material Futterstoff:
2,50 m Pongé 08, 90 cm breit

Farbe für Jacke und Futter:
150 ml Ultramarin (Blau)
150 ml Französischblau
300 ml Verdünner

Konturenmittel in Gold

Diese schicke Jacke ist auch eine Bereicherung für die übrige Garderobe, da sie sich gut kombinieren läßt.

Für die unifarbene, klassisch geschnittene Jacke und das dazugehörende Futter mischt man die angegebenen Farbmengen mit 300 ml Verdünner. Das Einfärben der Satinseide wird auf dem Spannrahmen vorgenommen. Um ein gleichmäßiges, wolkenfreies Arbeitsstück zu erhalten, wird mit einem Synthetik-Wattebausch gearbeitet. Eingefärbt wird immer waagrecht in Schußrichtung von der Mitte aus zur Webkante im Hin- und Hergang mit sanftem Druck. Wichtig ist, daß in einem kühlen Raum zügig ohne Unterbrechung gearbeitet wird.
Ein elegantes Kleidungsstück ist noch wertvoller durch ein edles Futter. Färben Sie den Stoff in gleicher Weise ein. Allerdings wird auf die noch sehr nasse Seide mit System grobes Salz aufgelegt, und zwar alle 20 cm in Kettrichtung in ca. 20 cm langen Streifen. Die nächsten Reihen immer versetzt aufbringen. Dann die ganze Stoffbahn kräftig mit Verdünner aus dem Zerstäuber übersprühen, damit das Salz an der Seide haftet. Nun den Rahmen vorsichtig an der Längsseite anheben und leicht schräg aufstellen, damit die Farbe von der oberen Webkante zur unteren Kante fließen kann. Ist die Seide trocken, wird das Salz entfernt. Wo vorher die Salzkörner lagen, werden mit goldfarbenem Konturenmittel kleine Kringel mit Liner und 3er Feder aufgemalt. Nach dem Trocknen die Seide abspannen, fixieren, waschen und bügeln.

Rosettentechnik auf der Folie, Variante A

1) Aus diesen kleinen runden Einstecktüchern (28 cm Ø) können wunderbare Rosen geformt werden (siehe Seite 28, Hosenrock mit festlicher Bluse). Die trockenen Tüchlein auf die Folie legen, mit Verdünner anfeuchten, in der Mitte ein 5 cm hohes Türmchen zusammendrehen.

2) Mit der Pipette pure Farbe auf das Türmchen auftragen.

3) Nach dem Farbauftrag viel Verdünner aufsprühen. Die Sekundärfarben (Mischfarben) wie Violett, Grün oder Orange trennen sich manchmal auf der Folie, wenn dem Arbeitsstück beim Trocknen viel Feuchtigkeit und Zeit gelassen werden.

4) Beim fertigen Arbeitsstück sieht man ganz deutlich, wie sich die Farbe Violett in Blau und Rosé getrennt hat.

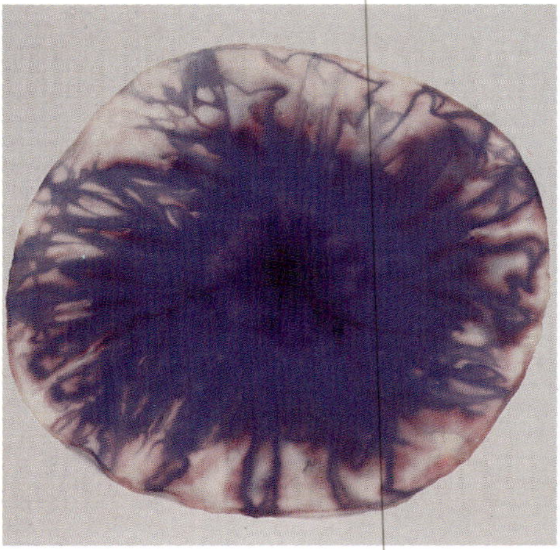

Kopfschmuck vom Modell Seite 28 (festliche Bluse mit Hosenrock)

Langschal aus Crinkle Chiffon 55 x 180 cm in Rosettentechnik (Variante A) gearbeitet. Die Blüten wurden mit farbloser Gutta abgegrenzt, der Fond mit Nachtblau übermalt.

Hosenrock mit festlicher Bluse

Materialverbrauch:
Rock: 140 x 140 cm Crinkle Pongé
„Blumenschmuck" für die Bluse:
15 runde Einstecktücher 28 cm Ø

Farbe: Parma (Blauviolett)

Bluse:
Um einer einfachen Baumwollbluse einen festlichen Charakter zu verleihen, wurden aus runden Einstecktüchern Rosen geformt und am Halsausschnitt mit einigen Stichen festgenäht.
Arbeiten Sie 15 runde Einstecktücher in der Rosettentechnik (Variante A, siehe Detailaufnahme und Seite 26).
Nach dem Fixieren Farbüberschuß auswaschen und ausbügeln. Dann sprüht man einen leichten Nebel von „Bügelhilfe" auf die Tüchlein, damit das Gewebe mehr Halt bekommt, und überbügelt sie nochmals.
14 Einstecktücher in der Mitte zusammenfassen, einen Knoten in den Zipfel machen – fertig sind die Rosen!
Das letzte Einstecktuch zur Hälfte zusammenfalten und an den freien Teil des Ausschnitts einfügen.

Hosenröcke sind aus der Mode nicht mehr wegzudenken. Wie chic und elegant sie wirken können, zeigt diese Kombination. Eine Baumwollbluse mit duftigem selbstgefertigtem Rosenschmuck verleiht der Kreation einen nostalgischen Hauch.
Selbstverständlich kann das Oberteil, beispielsweise mit einem dunklen Rock, auch zu festlichen Anlässen getragen werden.

Hosenrock:
Für diesen modernen, weitgeschnittenen Hosenrock ist eine unempfindliche, stabile Seide geeignet, die in der Moirétechnik gearbeitet wurde.
Crinkle Pongé mit Waschausrüstung (Sandwash) ist beispielsweise eine Seide, die mit einem speziellen Verfahren in unregelmäßiger Längsplissierung (Kettrichtung) versehen ist.
Die Moirétechnik wird der bereits vorgegebenen Struktur angepaßt: Trockene Seide auf die Folie legen und längs in unregelmäßige Falten knittern, dann mit Verdünner (1:1) befeuchten.
Nun die stark verdünnte Farbe (Parma) mit einem Milchkännchen in Faltenrichtung aufgießen, zur besseren Fließfähigkeit nochmals Verdünner aufsprühen.
Abschließend die freie Hälfte der Folie auf den Stoff legen und mit starkem Druck zusammenpressen. Zum Trocknen die Folie wieder aufschlagen. Nach dem Trocknen fixieren, auswaschen und bügeln.

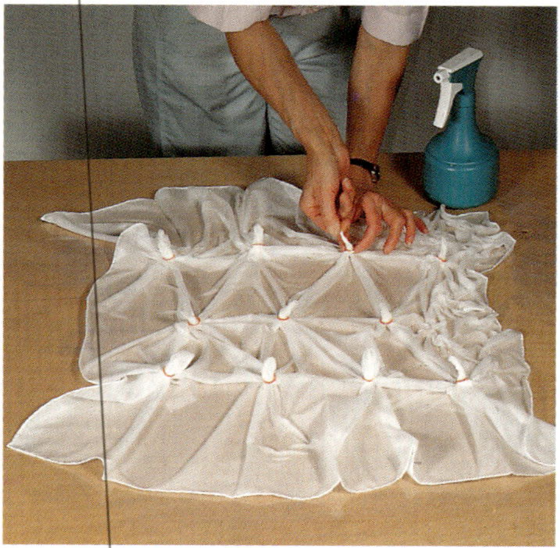

Rosettentechnik auf der Folie Variante B mit Plastikring

1) Sollen die Rosetten ganz gleichmäßig im Rapport angeordnet werden, fertigt man eine Schablone an. Bei einem Seidentuch 90 x 90 cm lassen Sie ringsherum einen 5 cm breiten Rand stehen und zeichnen ein Karonetz von 20 x 20 cm auf die Schablone.

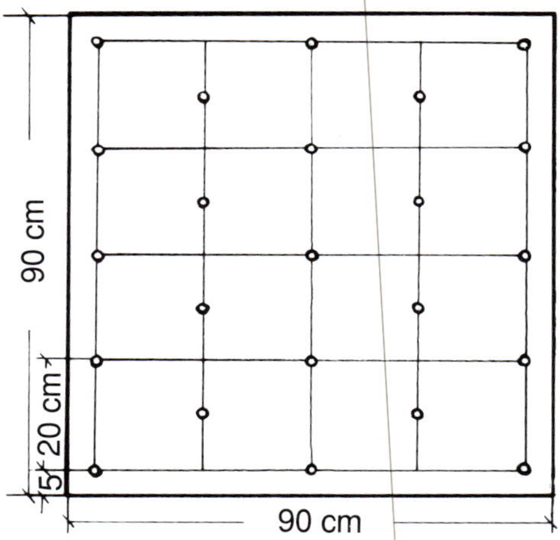

Für die Herstellung von Meterware läßt man den 5 cm breiten Rand weg, damit das Muster fortlaufend ist.

Es gibt zwei Möglichkeiten: man kann die Rosetten versetzt oder in einer Linie untereinander anordnen.
Sie sehen hier die versetzte Anordnung. Die gewünschten Punkte mit einem schwarzen Filzstift auf dem Papier markieren, damit diese durch die Seide durchscheinen. Jetzt die Schablone unter die Seide schieben und mit einem weichen Bleistift die Punkte auf den Stoff übertragen.

2) Nun faßt man die trockene Seide an dem bezeichneten Punkt zusammen und schiebt einen kleinen Plastikring darüber. Der Stoff wird ca. 5 cm durch den Ring gezogen. Verteilen Sie die Ringe über das ganze Tuch.

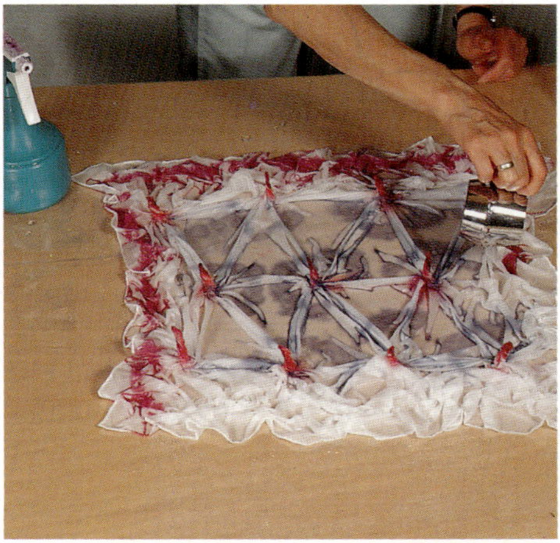

3) Jetzt mit dem Zerstäuber Verdünner aufsprühen und die festgehaltene Seide in den Ringen zu Türmchen zusammendrehen. Zwischen den Türmchen den Stoff strammziehen.

4) Auf und um die Türmchen unverdünnte Farbe in einem Milchkännchen auf den Rand aufgießen, der in der Knittertechnik bearbeitet wurde.
(Siehe Knittertechnik Seite 42)

5) Nach dem Farbauftrag sollte mit Wasser-Alkohol-Gemisch aus dem Zerstäuber die Fließfähigkeit verstärkt werden.

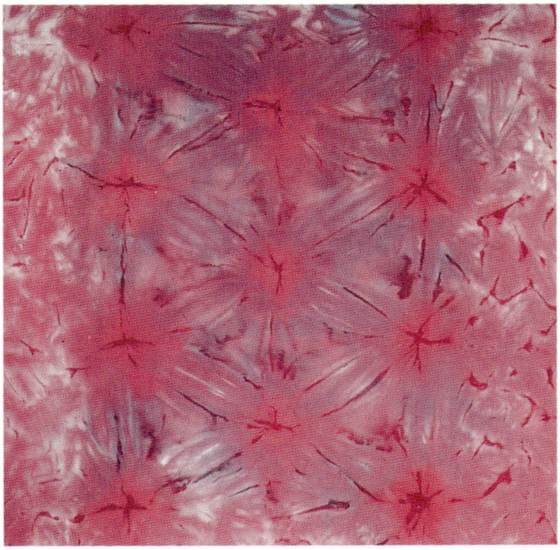

6) Das ist das Ergebnis, ausgeführt auf Seide Pongé 06: eine Kombination aus Rosetten- und Knittertechnik mit den Farben Bordeaux und Mausgrau.

Sommerwind

Material:
4,70 x 0,90 m Pongé 06
30 Kunststoff-Vorhangringe,
11 x 16 mm Ø

Farbmischung Blüte:
10 ml Kirsche
5 ml Tomate
5 ml Bordeaux
70 ml Verdünner
Blütenmitte:
ein wenig Zenith pur (Blauviolett)
Hintergrund:
10 ml Mausgrau
100 ml Verdünner

Rapportlänge: 40 cm

Dieser duftige Kleiderstoff aus Pongé wird in der Rosettentechnik auf der Plastikfolie gefertigt. Die 4,70 m lange Stoffbahn wird in einer Größe von 200 x 45 cm auf die Folie drapiert. Um eine gleichmäßige Wiederholung zu erzielen, fertigt man eine Schablone 90 x 90 cm an.

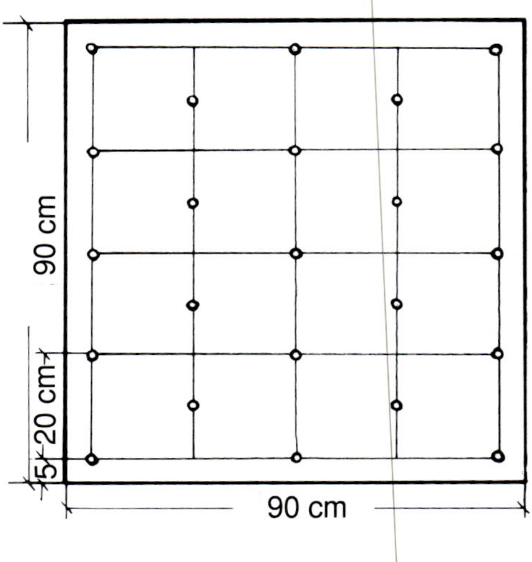

Die Kreuzungspunkte werden mit einem schwarzen Filzstift markiert. Jetzt die Schablone unter die Seide legen und mit einem sehr weichen Bleistift die Punkte von der Schablone auf die Seide übertragen. Schieben Sie die Schablone unter dem Stoff weiter, bis das ganze Tuch gekennzeichnet ist.
Nun faßt man die trockene Seide an den bezeichneten Punkten zusammen und schiebt einen kleinen Plastikring darüber. Der Stoff wird ca. 5 cm durch den Ring gezogen, bearbeiten Sie so vier bis fünf Reihen.
Jetzt erst werden zwei Reihen mit Verdünner aus dem Zerstäuber gut naß gesprüht, die festgehaltene Seide wird im Ring zu einem Türmchen zusammengedreht. Nun die Ringe von den vorgefertigen Türmchen abnehmen und für die nächsten Reihen verwenden. Zwischen den Türmchen die Seide leicht zusammenschieben, je kleiner die Knitterung, desto feiner das Krakelé-Muster.

Vorsicht:
Wenn Sie die Seide im Tauchverfahren naß machen, haftet sie beim Auflegen sofort an der Folie.
Die Kolorierung der Blüten wird aus den oben angegebenen Farbmengen und Verdünner zusammengemischt und mit einer Pipette aufgetragen. Auf die Spitze jedes Türmchens eine volle Pipette der roten Mischfarbe auftragen. Die Farbmischung für den Hintergrund wird mit der Pipette in die Zwischenräume gegeben. Zum Schluß die pure Farbe Zenith in die Pipette aufnehmen und ganz vorsichtig die Spitze der Türmchen antippen. Es läuft auch ohne Druck genügend Farbe auf die Seide; es soll ja nur ein kleiner Mittelpunkt in der Blüte angedeutet werden.

Dieses duftige Sommerkleid aus Pongéseide macht Stimmung bei der abendlichen Gartenparty!
Der knieumspielende Tulpenrock unterstreicht die schmale Taille.

Mohnblüten-Bouquet

Material:
5 m Plastikfolie, 1,10 m breit
20 kleine Plastikringe, 11 x 16 mm Ø
4,50 x 0,90 m Crêpe de Chine Nr. 12

Farbtöne:
20 ml Andalusischrot (Hochrot)
30 ml Mausgrau
von Ultramarin, Schwarz, Gelb und Kirsche je nur einige Tropfen
Verdünner:
zu gleichen Teilen Wasser und Isopropylalkohol oder Spiritus

Dieses großflächige Blütenmuster wiederholt sich nach 1,76 m, es eignet sich sehr gut für bodenlange Fensterdekorationen. Eine raffinierte Kombination aus Rosettentechnik (Variante B) und Moirétechnik, sowie die zwei vorherrschenden Farbtöne Rot und Grau ergeben eine klare Musterung. Auch die charakteristische Art des Farbflusses kann man bei dieser Crêpequalität beobachten.

Die 4,50 m lange Stoffbahn wird trokken auf die Folie gelegt. Eine Schablone, nach nebenstehender Skizze gefertigt, wird unter die Seide geschoben, mit einem weichen Bleistift werden die Punkte zur Rosettenbildung übertragen. Die Längsdrapierung ergibt sich automatisch. Nun faßt man die trockene Seide an den bezeichneten Punkten zusammen und zieht diese jeweils 5 cm weit durch einen kleinen Plastikring.

Bearbeiten Sie auf diese Weise einen Rapport, dann erst wird die Seide stückchenweise mit dem Verdünner aus dem Zerstäuber gut naß gesprüht.

Die festgehaltene Seide im Ring zu einem Türmchen zusammendrehen, die restliche Hälfte der Stoffbreite in unregelmäßigen breiten Falten zusammenschieben (Moirétechnik). Nun die Plastikringe von den Türmchen entfernen und für den restlichen Stoff verwenden. Dann wird die rote Farbe pur mit der Pipette um die Türmchen verteilt, das Mausgrau – mit ein wenig Ultramarin gemischt – wird in den Zwischenräumen der Blüten und auf die Längsfalten aufgetragen. Etwas Schwarz auf die Spitze der Türmchen setzen, zur Auflockerung der roten Blüten an manchen Stellen noch ein wenig Gelb und Kirsche und in den Längsfalten pures Mausgrau auftropfen.
Abschließend mit dem Zerstäuber die ganze Stoffbahn mit Wasser-Alkohol-Mischung übersprühen.

Die Schablone wird mit den Punkten für die Rosetten einmal an der linken und einmal an der rechten Kante angelegt, immer im Wechsel.

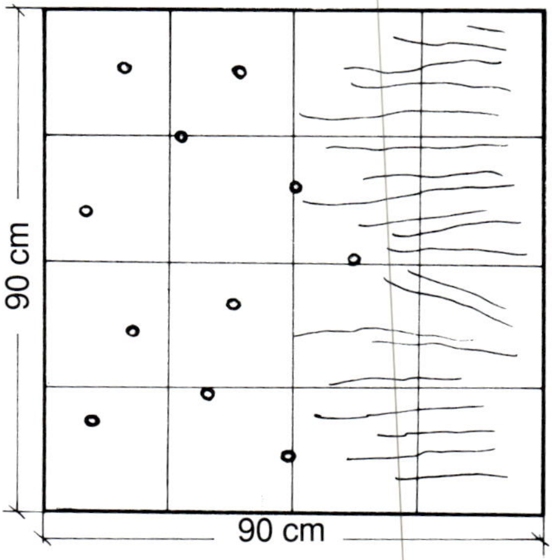

Mini-Rosettentechnik auf der Folie Variante C mit Perlen

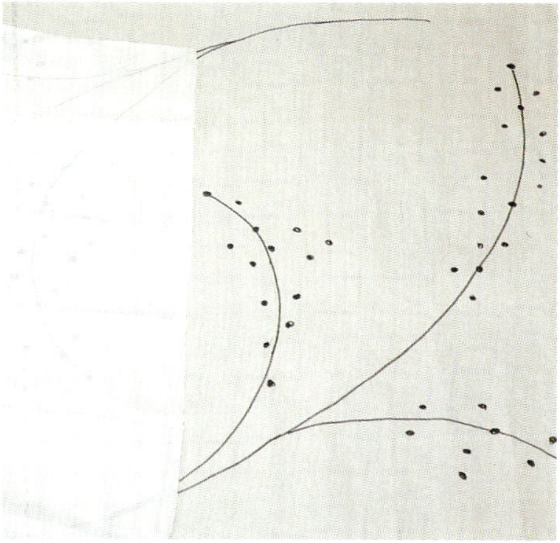

1) Auf einem Papier 90 x 90 cm mit schwarzem Filzstift eine Schablone anfertigen. Die Punkte sollten mindestens 5-6 cm auseinanderliegen, sonst haben die Perlen, die darüber gestülpt werden, keinen Platz nebeneinander.

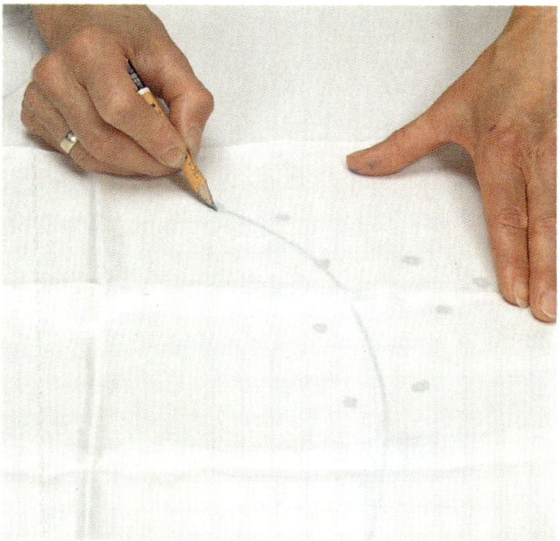

2) Die Schablone unter die Seide schieben und mit einem weichen Bleistift die Punkte für die Rosetten auf die Seide übertragen.

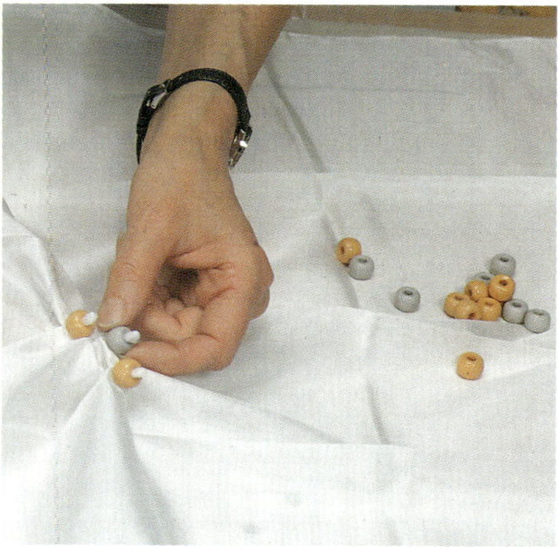

3) Da man für die Rosetten keine kleinen, dicht nebeneinander liegenden Türmchen bilden kann, bieten sich als Hilfsmittel Plastikperlen mit 3-3,5 mm Bohrung an. Mit einem abgebrochenen, an der Bruchstelle glattgefeilten Wattestäbchen fährt man unter die Seide bis zur Markierung für eine Rosette und schiebt den Stoff so weit durch die Perlenöffnung, daß er ungefähr 1 cm herausschaut.

4) Nun die Seide abschnittsweise mit Verdünner aus dem Zerstäuber naß sprühen, damit die Zwischenräume in der Knitter- und Moirétechnik bearbeitet werden können.

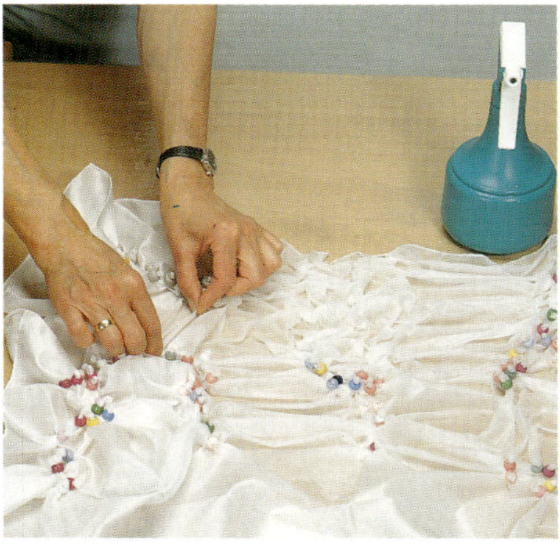

5) Dann die puren Farben mit der Pipette auf die Rosetten auftragen. Wenn möglich, bei den Blüten verwandte Farbtöne verwenden, z.B. verschiedene Rottöne. Zwischenräume nach Wunsch ausfüllen.

6) Abschließend Verdünner für den besseren Farbfluß aufsprühen. Die Seide auf der Folie trocknen lassen, ausbügeln, fixieren und waschen.

Bild unten

Hier ein Ausschnitt aus dem noch nassen Arbeitsstück.

Bild rechts

Ein Ausschnitt aus dem fertig fixierten, gewaschenen und gebügelten Seidenstoff.

Frühlingserwachen

Material:
5,00 m Plastikfolie
4,50 m Pongé 06, 90 cm breit

Hilfsmittel:
ca. 450 Kunststoffperlen mit Lochbohrung 3-3,5 mm Ø

Farbtöne für Blüten
20 ml Rosé
30 ml Kirsche
15 ml Bordeaux
ein wenig Zitrone

Farbtöne für Blätter
20 ml Fenchel
15 ml Flaschengrün
40 ml Lagune (Pastellgrün)

Hintergrund (Zwischenräume)
20 ml Mausgrau
90 ml Verdünner

Rapportlänge: 90 cm

Dieses frühlingshafte Dessin ist eine Kombination von Rosetten-, Moiré- und Knittertechnik. Zuerst sollte man eine Schablone anfertigen (siehe Skizze); die Punktanordnung darf nicht zu dicht sein. Jetzt die trockene Seide auf der Plastikfolie ausbreiten, die Schablone darunterschieben und mit Bleistift die Punkte auf die Seide übertragen.
Verfahren Sie nun genauso, wie auf Seite 36 beschrieben.

Bei Blüten und Blättern wird die Farbe pur mit der Pipette aufgetragen. Man beachte, daß bei den Blüten nie der gleiche Farbton nebeneinander liegen darf; hier wurden drei unterschiedliche Rottöne gewählt. Das Zitronengelb wird zum Schluß für den Blütenstempel auf die Spitzen der Türmchen, die aus den Perlen herausschauen, aufgetupft. Das Blätterwerk enthält die Farben Fenchel, Flaschengrün und Lagune. Die restlichen Zwischenräume werden mit einer Mischung aus Mausgrau und Verdünner ausgefüllt. Das Arbeitsstück über Nacht auf der Folie trocknen lassen. Dann werden die Perlen entfernt. Vor dem Fixieren den Stoff gut ausbügeln.

Die Schablone gibt eine Rapportlänge vor.

Die Punkte mit einem weichen Bleistift auf die Seide übertragen. Die gestrichelte Linie ist nur eine Hilfslinie für die Rosetten-Anordnung.

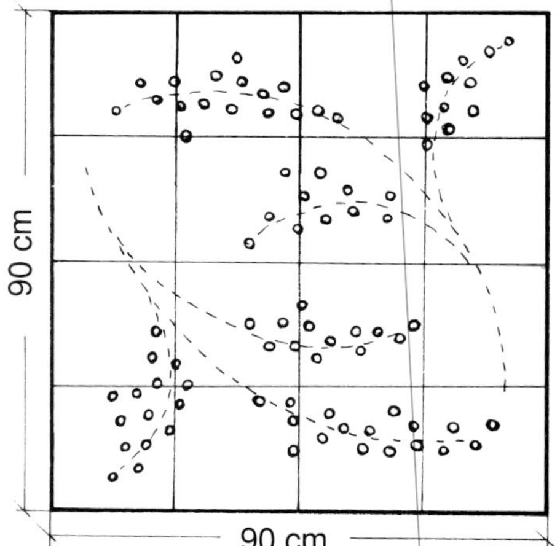

Knittertechnik

1) Die trockene Seide auf die Folie legen und ohne System zusammenschieben (knittern). Die Erhebungen dürfen bis zu 5 cm hoch sein. Je kleiner die Knitterung, desto graziler später die Musterung.

2) Mit Wasser-Alkohol-Gemisch 1:1 die geknitterte Seide naß sprühen, damit sie an der Folie haftet.

3) Stark verdünnte Farbe aus einem Milchkännchen auf die Seide in Punkt- oder Streifenwiederholung aufgießen.

4) Wird die Farbe stark verdünnt, fließt sie von den Erhebungen sofort ab und sammelt sich an den Rändern der festgeklebten Seide auf der Folie. Dadurch entstehen netzartige Musterungen.

5) Wird die Farbe pur auf die trockene Seide mit der Pipette aufgetragen, ist die Musterung sehr kompakt und die Kolorierung sehr intensiv.

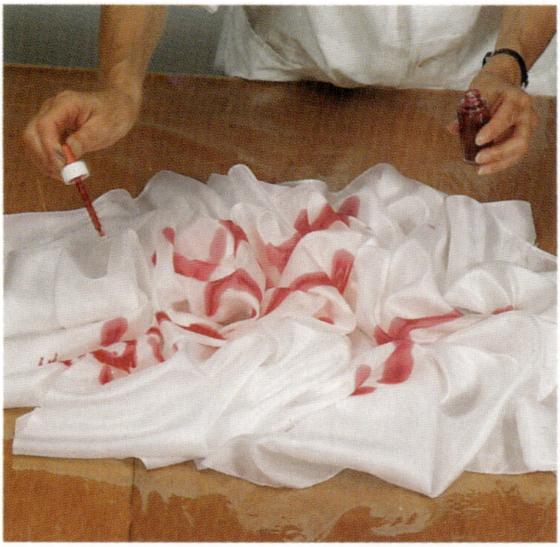

6) Für den besseren Farbfluß ist es sehr wichtig, daß viel Verdünner aufgesprüht wird, unabhängig davon, ob Sie mit purer oder verdünnter Farbe gearbeitet haben.

Knittertechnik auf nasser Seide mit verdünnter Farbe.

Knittertechnik auf trockener Seide mit purer Farbe.

Mosaik (Farbresteverwertung)

Material:
5,0 m Plastikfolie
5,0 m Pongé 08, 90 cm breit

Farbreste und Verdünner

Diese 5 m lange Stoffbahn wurde in der Knittertechnik bearbeitet. Nach der Raffung beträgt die Größe 300 x 45 cm. Die trockene Seide wird glatt auf die Folie aufgelegt, abschnittsweise mit Wasser-Alkohol-Gemisch (Verdünner) mit dem Zerstäuber besprüht, dann wird die Seide zusammengeschoben. Die Knitterung sollte sehr großzügig gestaltet werden, die höchsten Erhebungen sollten ca. 5 cm betragen. Die Farbgebung auf diesem Arbeitsstück ist abhängig von den verwendeten Resten. Um den Farbauftrag zu vereinfachen, füllt man die bereits stark verdünnten Farben in ein Milchkännchen. Arbeiten Sie mit einem gewissen System; der Farbauftrag sollte sich in bestimmten Abständen über die ganze Stoffbahn verteilen. Am Schluß die Seide nochmals kräftig mit Verdünner besprühen, damit die Fließfähigkeit unterstützt wird. Die Flüssigkeit darf auf der Folie stehen.
Bei diesem Arbeitsstück kann sich der Trocknungsprozeß über einige Tage hinziehen. Anschließend den Stoff glattbügeln und fixieren.

Das Arbeitsstück sieht wie ein farbiges Mosaik aus, das sich aus unterschiedlich großen Steinen zusammensetzt.

Das buntgemusterte, sportliche Hemd aus Pongé 08 ist vielseitig: als Bluse über der ozeanblauen Seidenhose aus Crêpe Satin, oder als modisch elegante Kombination mit unifarbenem Minirock und dazu passendem Top.

Von der bekannten Autorin Dieti G. Fausel sind im Frech-Verlag bereits zahlreiche andere Titel erschienen. Hier eine Auswahl:

Dieti G. Fausel
Seidenmalerei – Neue Impulse
Keine Anleitung, dafür Impulse und Anregungen. Das harmonische Zusammenspiel zwischen dem Farbenklang der Bilder und der Klangfarbe der Texte entfaltet eigenschöpferische Kräfte.
Den anspruchsvollen Bildern der Künstlerin sind einfühlsame lyrische Texte von Ruth Martin zugeordnet. Ein Buch, das nachwirkt, wenn man es aus der Hand legt.
48 S., 21 x 20 cm, geb.,großf. Farbf.
TOPP 1305 ISBN 3-7724-1305-5

Dieti G. Fausel
Seidenmalerei für Tücher 2
Die Künstlerin zeigt mit diesen Modellen, daß man auch mit stilisierten Motiven schöne Tücher und Schals gestalten kann. Auf Material und Arbeitsweise geht sie ein. Die Vorlagen haben Originalgröße.
Mappe DIN A5, Vorlagenbogen, Farbbeilage.
TOPP 1230 ISBN 3-7724-1230-0

Dieti G. Fausel
Seide und Farbe Experimentelles Arbeiten
Hier geht die Autorin neue Wege. Mit präzise beschriebenen Methoden, wie der Rosetten-, Wickel- oder Moirétechnik, entstehen faszinierende Farbeffekte. Das künstlerische Experimentieren nimmt seinen Lauf …
32 S., viele Farbfotos
TOPP 1557 ISBN 3-7724-1557-1